VOIR 6-9 ANS

FRANÇOIS BESSE

Les avions

FLEURUS

À Chloé, pour ses cinq ans !
F.B.

Texte : **François Besse**
Édition et iconographie : **Danielle Védrinelle**
Direction artistique : **Isabelle Mayer** et **Armelle Riva**
Mise en page : **Catherine Enault**
Fabrication : **Florence Bellot** et **Thierry Dubus**

L'éditeur remercie tout particulièrement la société Airbus et Marie Bonzom, le musée de l'Air et de l'Espace et Christophe Goutard, le SIRPA Marine et Marie-Christine Caubet, le musée Air France, le musée Otto Lilienthal, Lockheed Martin Corporation, l'aéroport Toulouse-Blagnac, Eurocopter, Frédérique Melous et Bernard Mayer pour l'aide qu'ils ont apportée à la réalisation de cet ouvrage.

Film : *Avions de chasse*
© C'est pas sorcier / France 3 – France Télévisions Distribution
Prémastering : **DVD Partners**

© 2013 Fleurus Éditions
Dépôt légal : avril 2013
ISBN : 978 2 215 10823 8
Code MDS : 591438
N° d'édition : M13035
1re édition

Photogravure : Turquoise
Achevé d'imprimer en mars 2013 sur les presses de l'imprimerie Proost, Belgique.
Loi n° 49-956 du 16 juillet 1949 sur les publications destinées à la jeunesse.

Sommaire

4	Le rêve d'Icare...
6	Les premiers envols
8	Un siècle d'aviation Du biplan à l'A380
14	Comment ça vole ?
16	Comment on pilote ?
18	Un engin complexe...
20	L'avion de ligne
22	Le cockpit
24	L'aéroport
26	Espace aérien
28	Les camions du ciel
30	L'avion de chasse moderne
32	Au combat...
34	Un aérodrome flottant
36	Formation du pilote
38	L'aviation du futur
40	Avions et hélicoptères au travail
42	Voler pour le plaisir...

Le rêve d'Icare...

Depuis la nuit des temps, l'homme rêve de voler, de quitter le "plancher des vaches" pour parcourir le ciel comme un oiseau. Il a fallu des milliers d'années pour que ce rêve devienne réalité. Mais ensuite, en un peu plus d'un siècle, les progrès vont être énormes ! Grâce aux pionniers et à leurs recherches pour vaincre la troisième dimension, voler est devenu une banalité...

La chute d'Icare

Une légende grecque raconte que Dédale et Icare, prisonniers d'un labyrinthe géant, cherchent à s'évader. Avec des plumes d'oiseaux, ils confectionnent des ailes, qu'ils collent à la cire sur leurs bras et leurs jambes. Dédale parvient ainsi à retrouver la liberté. Icare, grisé par le vol, se rapproche trop du Soleil. La cire de ses ailes fond et le garçon chute en mer...
Au fil des siècles, de nombreux inventeurs vont chercher la solution au vol humain. Léonard de Vinci imagine ainsi plusieurs machines volantes, dont l'ancêtre du parachute.

Les plus légers que l'air

Papetiers, les frères Joseph et Étienne de Montgolfier inventent le ballon à air chaud. Avec un feu entretenu sous leur montgolfière, l'air chaud, plus léger que l'air froid, soulève l'enveloppe et la nacelle. Un essai avec des animaux à bord (un mouton, un canard et un coq) valide leur invention. En 1783, elle emporte dans le ciel les premiers êtres humains.

Le 21 novembre 1783, Jean-François Pilâtre de Rozier et le marquis d'Arlandes parcourent 10 km au-dessus de la région parisienne en 25 minutes, à bord d'une montgolfière !

L'étude des oiseaux

Pour inventer l'engin volant le plus adapté, de nombreux chercheurs étudient le vol des oiseaux. Ainsi, le Français Louis Mouillard, travaillant au Caire (Égypte), s'intéresse aux cigognes. Son ouvrage *L'Empire de l'air, essai d'ornithologie appliquée à l'aviation* (1881) va servir aux pionniers qui lui succéderont.

Des vols planés par milliers

L'Allemand Otto Lilienthal réalise des ailes de son invention, en bois et toile. De 1891 à 1896, il effectue des milliers de vols planés. Il parcourt jusqu'à 250 m de long en partant du haut d'une colline. En déplaçant son corps, il oriente sa trajectoire et devient le premier pilote ! Il trouvera la mort lors d'une chute en août 1896, mais ses travaux seront repris. Reste encore à inventer le vol motorisé...

Pour effectuer ses vols planés avec l'un de ses 16 planeurs, Otto Lilienthal a utilisé une colline artificielle près de Berlin.

C'est dans le parc d'un château que Clément Ader réalise en secret un unique "vol" à bord de l'*Éole*. À l'arrêt de ses recherches, il détruira son prototype.

Les premiers envols

Après les "plus légers que l'air" (montgolfières à air chaud et ballons à gaz) et les vols planés, de nombreux pionniers dans le monde s'intéressent au vol motorisé. Il s'agit de décoller d'un sol plat, de réaliser un vol soutenu, d'effectuer des virages et de venir se reposer...

En France...

L'inventeur Clément Ader (1841-1925) s'attaque au problème du "plus lourd que l'air". Il conçoit son *Éole*, en reprenant la silhouette d'une chauve-souris, et en utilisant un moteur à vapeur. Le 9 octobre 1890, dans le secret le plus total, il réalise un "bond" de quelques mètres de longueur. Mais le pilotage est compliqué, avec de nombreuses commandes. Il construit alors l'*Avion III* qu'il propose à l'armée française. Sa démonstration de vol n'est pas concluante et l'aide financière de l'État s'arrête... Clément Ader rédige ensuite son ouvrage *L'Aviation militaire*, évoquant la guerre aérienne du futur, avec porte-avions et bombardiers...

... et aux États-Unis

À partir de 1899, deux frères, dirigeant une fabrique de vélos, relèvent le défi du vol motorisé. Wilbur et Orville Wright réalisent d'abord plusieurs planeurs qu'ils testent chaque année aux vacances d'hiver. Ils apprennent ainsi à piloter lors de milliers de vols planés. Puis ils conçoivent un moteur pour leur *Flyer I*. Le 17 décembre 1903, ils tirent à pile ou face qui fera le premier vol ! À tour de rôle, ils en réalisent quatre, de 12 secondes pour le premier à 59 secondes pour le dernier.

L'année suivante, ils effectuent leurs premiers virages, une manœuvre alors délicate. En septembre 1904, le premier vol en circuit fermé est réalisé. Ils ont alors plusieurs années d'avance sur les pionniers européens. En 1908, leur démonstration en vol près du Mans est une révélation. Ils maîtrisent parfaitement le pilotage de leur appareil de formule canard.

Vocabulaire...

C'est à Clément Ader que l'on doit le mot "avion". Il est tiré du latin avis, *qui signifie oiseau.*

Orville, le premier à décoller sur le *Flyer I*, est couché sur l'aile inférieure, près du moteur. Une catapulte accélère l'appareil sur un rail en bois. Son frère Wilbur vient de lâcher l'aile, tenue lors des premiers mètres au décollage...

Un siècle d'aviation
Du biplan à l'A380...

Un peu plus d'un siècle nous sépare du premier vol d'un avion. En 100 ans, les progrès ont été fulgurants. Même s'il est difficile de retracer cette histoire en quelques pages, voici les événements les plus marquants...

❶ 1909

Louis Blériot traverse la **Manche**, aux commandes de son modèle *Blériot XI*, en 33 minutes. Son concurrent, Hubert Latham, finit deux fois à l'eau ! Louis Blériot connaît le succès avec ses usines de construction d'avions et ses écoles de pilotage. Le premier aérodrome spécifiquement construit pour l'aviation, Port-Aviation, voit le jour à Viry-Châtillon.

❷ 1910

Henri Fabre, qui n'a jamais piloté, effectue le premier vol d'un **hydro-aéroplane** canard de sa conception, sur l'étang de Berre (France). C'est le premier hydravion (avion pouvant décoller et se poser sur l'eau) au monde à s'élever dans les airs.

❸ 1913

Roland Garros traverse la Méditerranée de Fréjus (France) à Bizerte (Tunisie), en 8 heures, à bord d'un *Morane-Saulnier*. Cette même année, Adolphe Pégoud réalise des boucles avec son *Blériot*, comme le Russe Pyotr Nesterov l'a fait quelques jours auparavant. La voltige est née !

❹ 1914

Le pilote français **Joseph Frantz** et son mécanicien **Louis Quenault** remportent la **première victoire aérienne** de la Première Guerre mondiale face à un *Aviatik* allemand. À la fin de la guerre, l'industrie aéronautique française est la première au monde. Dans l'entre-deux-guerres, elle perdra cette avance.

❺ 1919

Les Britanniques **John Alcock** et **Arthur Brown**, en *Vickers Vimy*, relient les États-Unis à l'Irlande. 16 heures pour parcourir 3 000 km. C'est la première traversée aérienne de l'**Atlantique Nord**.

❻ 1924

Deux avions américains réalisent, en plus de cinq mois, un **tour du monde**. Dans les années 1920, de nombreuses **courses et raids** sont organisés, des vols de records effectués. Ils permettent de faire progresser la technique et d'améliorer les performances.

❼ 1927

L'Américain **Charles Lindbergh** réalise en solo le vol New York-Paris en 33 h 30, à bord de son Ryan, *Spirit of Saint-Louis*. Quelques jours plus tôt, **Charles Nungesser** et **François Coli**, aux commandes de leur *Oiseau blanc*, n'ont pas réussi la traversée dans l'autre sens, face aux vents dominants. Les deux pilotes français sont portés disparus.

❶ 1933
Air France, regroupant différentes sociétés de transport aérien, devient l'unique compagnie aérienne en France. Cette même année, l'**armée de l'Air** est créée. Elle est désormais indépendante des autres forces armées.

❷ 1935
Premier vol du **bimoteur *DC-3*** de Douglas. "L'avion à tout faire" larguera des parachutistes et des planeurs pendant la Seconde Guerre mondiale, tout en facilitant la reprise du transport aérien après la Libération. Des exemplaires volent toujours au 21ᵉ siècle !

❸ 1939
Dans le plus grand secret, le constructeur allemand Heinkel fait voler son *He-178*, le **premier avion à réaction** au monde. Il atteint 700 km/h mais la durée du vol n'est que de quelques minutes.

❹ 1940
Au début de la Seconde Guerre mondiale, l'Allemagne envahit la Belgique et la France. L'Europe est menacée. La Grande-Bretagne va-t-elle subir le même sort ? Grâce à leurs chasseurs *Hurricane* et *Spitfire*, les pilotes de la **Royal Air Force** vont l'emporter face aux avions de la Luftwaffe (armée de l'Air allemande). Grâce à la supériorité aérienne, le conflit prend un tournant capital.

❺ 1944

Les premiers **jets militaires** sont opérationnels avec le *Messerschmitt 262*. Leur faible nombre ne suffira pas à inquiéter les Alliés. Des chasseurs traquent les bombes volantes V1 envoyées sur la Grande-Bretagne. Un an plus tard, deux *Boeing B-29* larguent des bombes atomiques sur le Japon, marquant la fin du conflit mondial.

❻ 1947

Le **mur du son** est officiellement franchi par **Charles Yeager** et son *Bell X-1* ! Mais on maîtrise encore mal le passage aux vitesses supersoniques et le bang sonore associé.

? C'est quoi le mur du son ?

Le son se propage dans l'air à la vitesse de 340 m/s, soit environ 1 200 km/h. Quand un avion vole moins vite que cette vitesse, tu l'entends arriver avant qu'il ne passe devant toi. Mais s'il va plus vite que le son, tu ne l'entends qu'une fois l'avion passé ! On parle alors de vitesses supersoniques. Le passage du "mur du son" déclenche une onde sonore, un "bang" qui peut briser les vitres...

❼ 1949

Pour la première fois, le **siège éjectable** permet à un pilote d'évacuer un avion à haute vitesse. Cette même année, le *De Havilland Comet* devient le premier avion de ligne à réaction, mais des accidents arrêteront sa carrière.

❽ 1954

Le prototype du **Boeing 707** fait son premier vol. Ce quadriréacteur va révolutionner le **transport aérien** en diminuant les temps de vol. Les avions à hélice sont désormais démodés.

❶ 1968
L'avion expérimental américain **X15** a atteint 199 vols. Cet **avion-fusée**, largué en altitude à partir d'un *B-52*, a volé à plus de 6 500 km/h (Mach 6 !) et jusqu'à l'altitude de 100 km. Il revient se poser en planant. L'un de ses pilotes, Neil Armstrong, sera le premier homme à poser le pied sur la Lune en 1969 (Apollo XI).

❷ 1969
Concorde, premier avion de ligne à voler à plus de deux fois la vitesse du son, effectue **son premier vol** (voir p. 21). Son concurrent soviétique, le *Tupolev 144*, l'a fait quelques mois auparavant. Le transport aérien va cependant se développer avec les gros-porteurs comme le *Boeing 747 Jumbo Jet*.

❸ 1972
Premier vol de l'**Airbus A300**, le premier d'une gamme d'avions de ligne européens (ici, sur la piste). Trente ans plus tard, la société européenne sera au coude à coude avec le géant Boeing (ici, un *767* au décollage). Ce sont désormais les deux grands constructeurs d'avions de ligne.

4 1974
Premier vol du **prototype du *F-16***, premier chasseur construit en série qui utilise des commandes de vol électriques. L'ordinateur s'installe ainsi à bord, faisant la liaison entre le pilote et les gouvernes. C'est le début d'une nouvelle génération de chasseurs.

5 1979
Avec un appareil conçu par l'Américain Paul McCready, de 35 kg pour 30 m d'envergure, le cycliste professionnel **Bryan Allen** réalise la traversée de la Manche à **l'énergie musculaire**. Il pédale pendant trois heures à quelques mètres de hauteur au-dessus des flots...

6 1986
Dick Rutan et Jeana Yeager réalisent le premier **tour du monde** sans escale ni ravitaillement en vol. Pendant plus de 9 jours, ils restent dans l'étroite cabine du *Voyager*, un **bimoteur trimaran** conçu par Burt Rutan. La Terre est bien ronde !

7 1988
Il a fait beaucoup couler d'encre... L'armée de l'Air américaine dévoile son avion très secret, le ***F-117A Nighthawk***. Ses formes à facettes sont destinées à piéger les ondes des radars adverses. Un an plus tard, le bombardier *Northrop B2 Spirit* devient l'avion le plus cher de l'armée américaine, avec un prix égal à son poids en or !

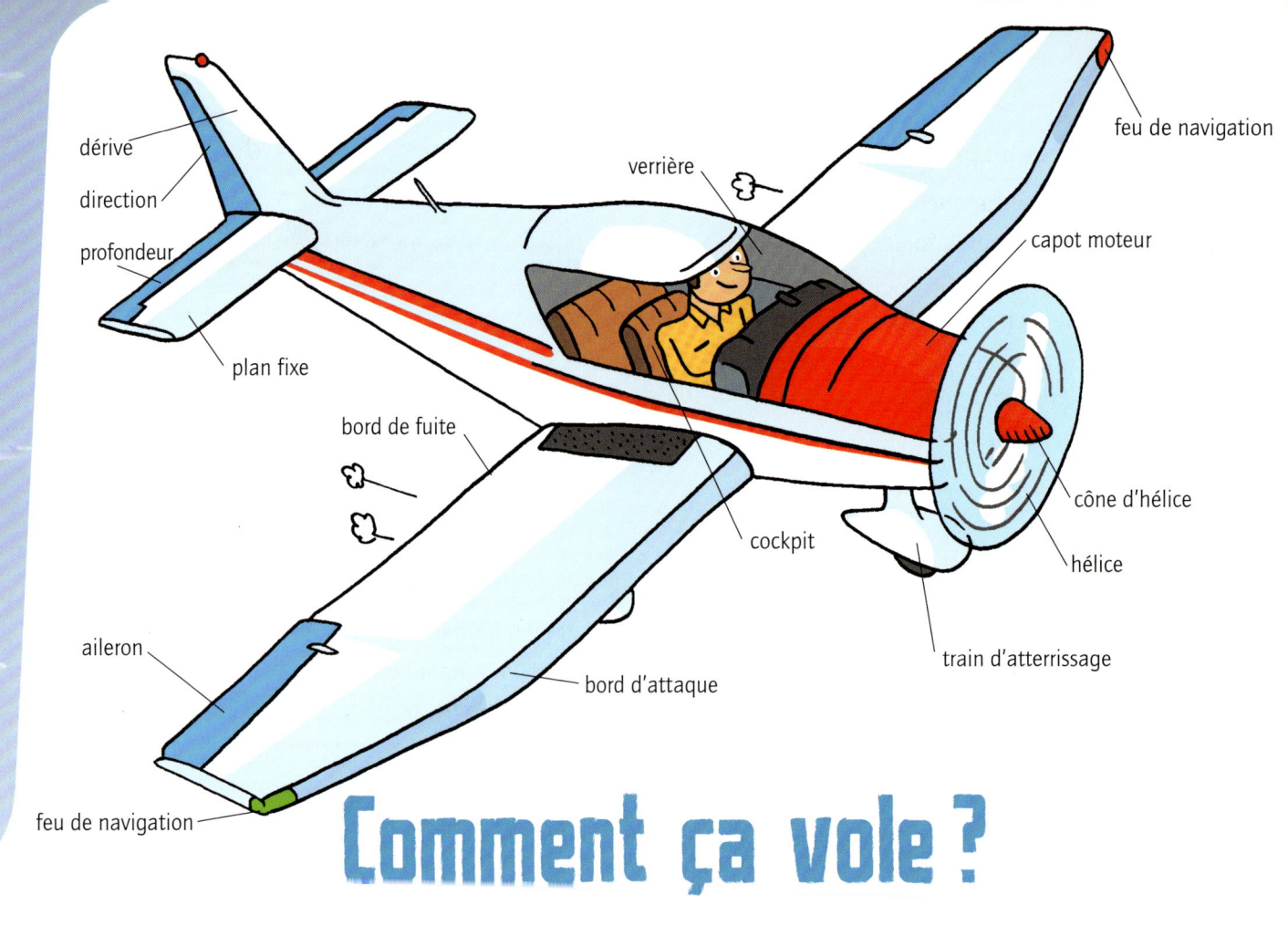

dérive
direction
profondeur
plan fixe
bord de fuite
aileron
feu de navigation
verrière
capot moteur
cockpit
cône d'hélice
hélice
train d'atterrissage
bord d'attaque
feu de navigation

Comment ça vole ?

Tu as beau sauter, impossible de rester en l'air… ton poids te ramène aussitôt au sol ! Mais alors, comment des avions qui pèsent plusieurs centaines de tonnes peuvent-ils voler ? Voici quelques explications…

Petite expérience

Pour qu'un avion reste en l'air, quelque chose doit le tirer vers le haut. D'où cela provient-il ? Une expérience permet de comprendre…
En voiture, place ta main au dehors de la portière en la mettant à plat. À l'arrêt, ta main tombe sous son poids ①. Quand la voiture avance, c'est pareil ②… sauf si tu inclines un peu ta main vers le haut. Le vent, dû à la vitesse de la voiture, exerce une pression dans la paume et soulève

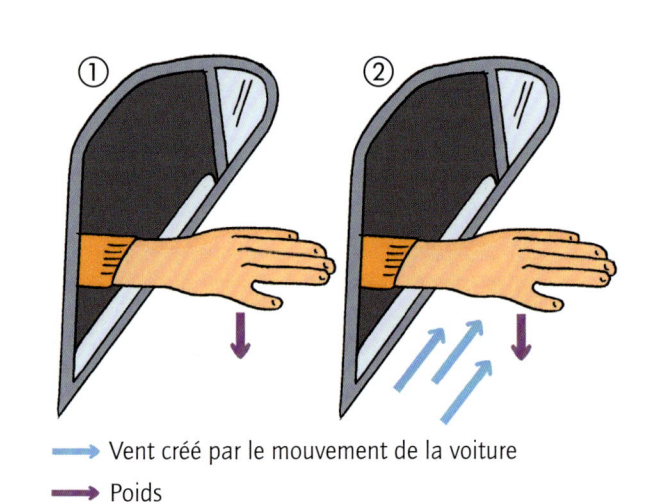

→ Vent créé par le mouvement de la voiture
→ Poids

ta main. L'action du vent la fait également partir vers l'arrière ③. La force qui soulève ta main s'appelle la **portance** et la force qui la repousse en arrière est la **traînée**. Plus tu pivotes ta main, plus ces réactions augmentent. Au-delà d'un certain angle, il n'y a plus de poussée vers le haut. La portance a diminué ou disparu, c'est le **décrochage** ④ !

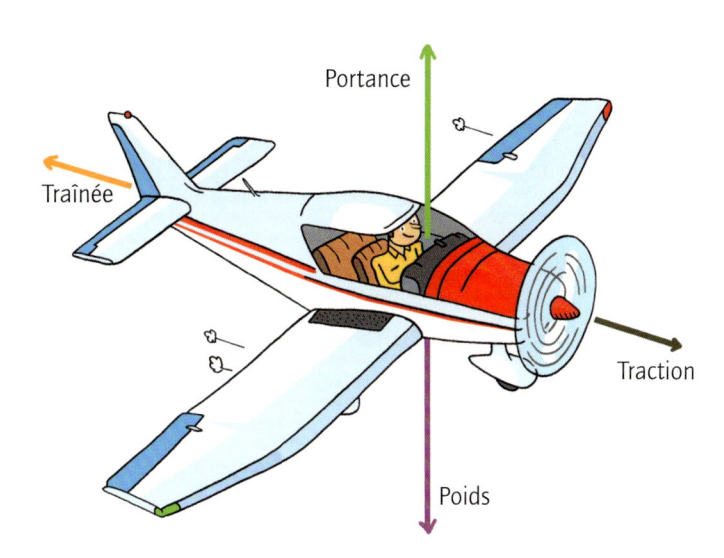

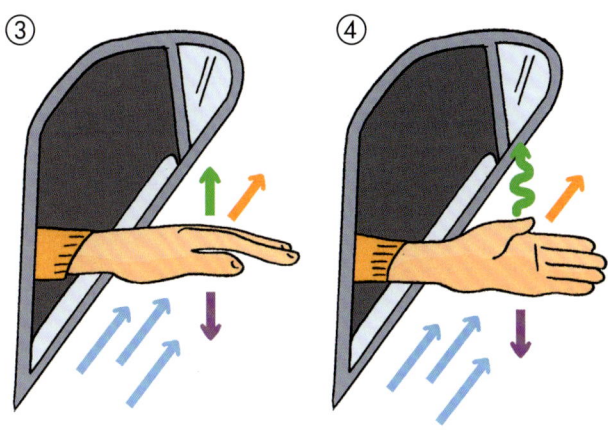

→ Vent créé par le mouvement de la voiture
→ Poids
→ Traînée
→ Portance

Ta main est une aile...

Pour un avion, c'est pareil que ta main inclinée. L'action de l'air passant autour de l'aile légèrement inclinée lui permet de voler. La force qui soulève l'avion, la portance, s'oppose au **poids** et permet à l'avion de tenir en l'air. La motorisation (réacteur, hélice...) contre les effets de la **traînée** et lui permet d'avancer.

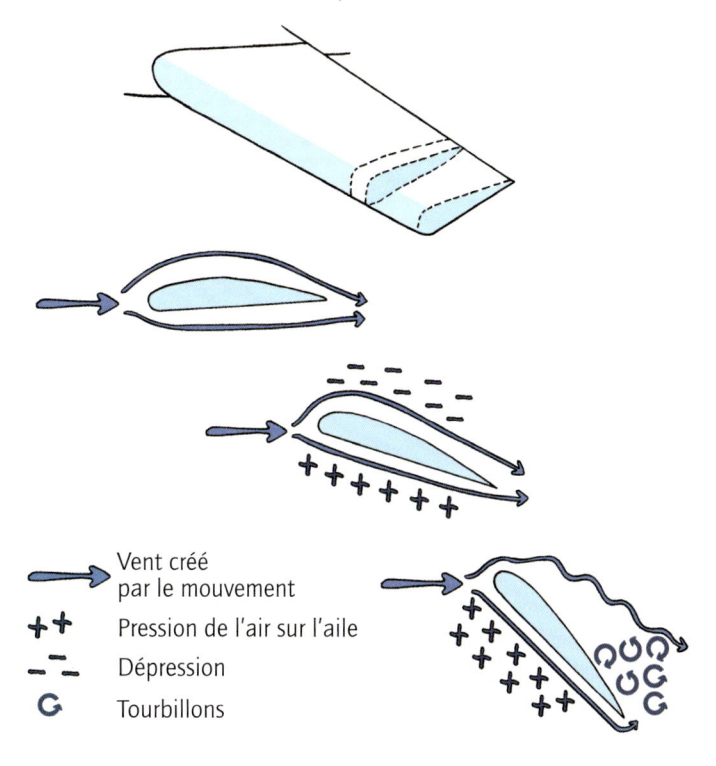

→ Vent créé par le mouvement
++ Pression de l'air sur l'aile
−− Dépression
G Tourbillons

À toi de créer de la portance !

Tiens les bords d'une feuille de papier entre tes doigts. Sous l'effet de son poids, la feuille se courbe vers le bas. Maintenant, rapproche la feuille de ta bouche et souffle sur la partie supérieure. La feuille ne tombe plus ; au contraire, elle se soulève car elle est aspirée vers le haut ! La partie bombée de la feuille agit comme le profil d'une aile. Tu viens de créer la portance sur cette feuille de papier !

Comment on pilote ?

Contrairement à une voiture qui circule "à plat" sur la route – on dit "en deux dimensions" –, un avion évolue dans le ciel en faisant varier son altitude. Si la voiture se conduit avec un volant pour aller à droite ou à gauche, l'avion se pilote avec un manche pour aller à droite ou à gauche, mais aussi vers le haut ou vers le bas. C'est la troisième dimension !

Trois axes de rotation

Prends la maquette d'un avion dans tes mains. Elle peut tourner autour de trois axes. Comme pour les bateaux, on parle de tangage et de roulis. Et si le ciel est trop turbulent, le mal de l'air peut alors remplacer le mal de mer !

Manche ou volant ?

Selon les constructeurs et le type d'avion, les ingénieurs choisissent d'installer un manche ou un volant. Certains avions ont même des mini-manches. C'est le cas des Airbus et du Rafale. Le pilotage est alors comparable à celui du joystick d'une console de jeu !

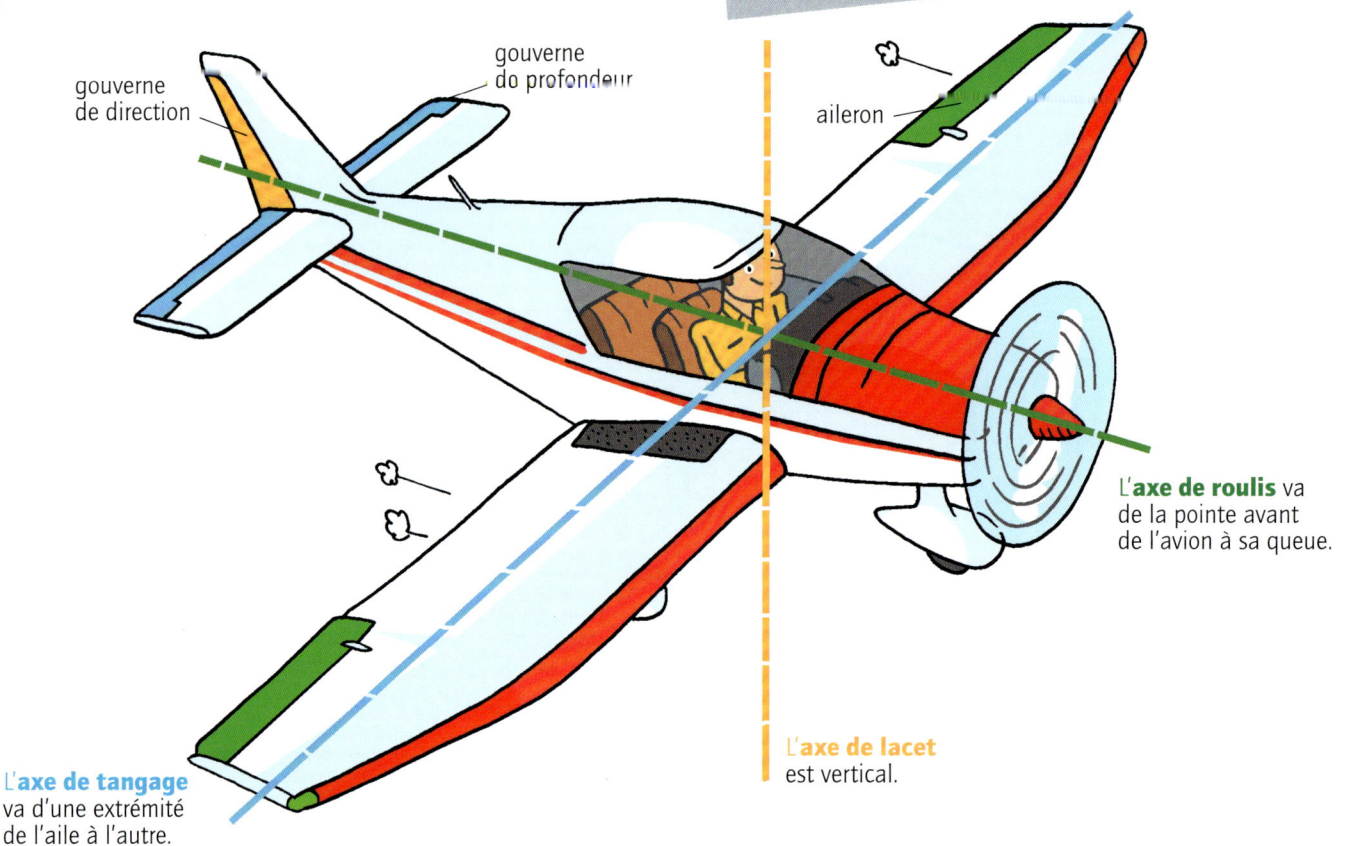

gouverne de direction

gouverne de profondeur

aileron

L'axe de roulis va de la pointe avant de l'avion à sa queue.

L'axe de lacet est vertical.

L'axe de tangage va d'une extrémité de l'aile à l'autre.

Contrôler son attitude

Différentes gouvernes permettent au pilote de positionner son avion dans le ciel, et ainsi d'orienter la trajectoire.

Axe de tangage
Pour monter ou descendre, le pilote agit sur l'axe de tangage grâce à la profondeur. En augmentant ou en diminuant la portance sur l'empennage horizontal, cette gouverne va faire cabrer ou piquer le nez de l'avion. Le pilote pousse ou tire le manche, d'avant en arrière.

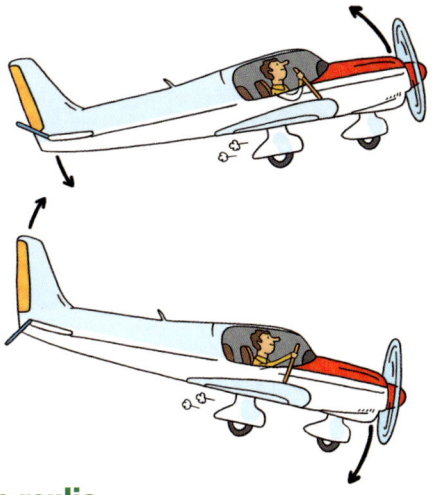

Axe de roulis
Pour virer, le pilote doit incliner son avion du côté du virage. Il va alors actionner les ailerons, des gouvernes placées aux extrémités des ailes. Lorsque l'une se braque vers le haut, l'autre s'oriente vers le bas. Ainsi, la portance est augmentée sur une aile (aileron vers le bas) et diminuée sur l'autre (aileron vers le haut). Le pilote agit sur le manche vers la droite ou vers la gauche, en fonction du côté souhaité.

Axe de lacet
La gouverne de direction, verticale, sert dans différentes phases : lors des virages, ou lors de l'atterrissage si le vent n'est pas orienté face à la piste. Elle est actionnée par le palonnier, des pédales sur lesquelles le pilote agit avec ses pieds. Pied à droite, le nez de l'appareil tourne à plat vers la droite... et inversement.

Et les gaz...

Il reste une quatrième action possible pour le pilote : la manette des gaz. C'est comme l'accélérateur d'une voiture. Ainsi, le pilote augmente ou diminue la vitesse. Si son avion va trop vite, il réduit les gaz. Sur un avion de ligne, il peut aussi sortir les aérofreins, des surfaces verticales sur les ailes, qui augmentent la résistance de l'air (traînée) et ralentissent donc son appareil.

? Comme sur un vélo !

Pour effectuer un virage, un dosage s'impose entre manche et palonnier. C'est comme en vélo pour virer ! Si tu tournes le guidon sans te pencher, tu tombes. Et si tu te penches d'un côté sans tourner le guidon, tu tombes aussi. Il faut donc un dosage entre les deux actions. En avion, c'est pareil avec le manche en roulis et le palonnier en lacet. On parle de "conjugaison".

L'*EC-120* est un hélicoptère de dernière génération, avec rotor principal en composites et rotor anti-couple caréné à l'arrière.

Un engin complexe...

L'hélicoptère offre la possibilité de décoller ou d'atterrir verticalement, et de voler en stationnaire, c'est-à-dire en restant sur place ! Si les premiers prototypes datent de 1907, il a fallu attendre les années 1940 pour que l'hélicoptère devienne une réalité. Aujourd'hui, des appareils de différentes tailles sont utilisés pour de multiples tâches, civiles ou militaires : travail aérien (surveillance, photo aérienne), évacuations sanitaires ou transport.

Comment ça vole ?

Un hélicoptère n'a pas d'ailes ! Pourtant, comme pour un avion, il doit créer une portance pour supporter son poids et tenir en l'air. C'est le rôle de son **rotor principal** composé de plusieurs pales tournoyant à grande vitesse. Pour éviter que l'appareil, entraîné par cette "voilure tournante", ne pivote sur lui-même comme une toupie,

Petit rotor anti-couple

Double rotors séparés

Rotors contra-rotatifs

on installe un **rotor "anti-couple"**. C'est le petit rotor généralement à l'arrière du fuselage. En soulevant l'hélicoptère verticalement, le rotor principal crée donc la portance ; il participe également à le faire avancer. Ainsi le rotor remplace les ailes et l'hélice (ou le réacteur) d'un avion.

Comment on pilote ?

Le pilote oriente le rotor principal dans la direction souhaitée, vers l'avant, l'arrière ou les côtés, au moyen d'un manche. Pour monter ou descendre, il modifie la position des pales avec une autre commande. D'où les deux manches : l'un pour avancer ou reculer, l'autre pour aller en haut ou en bas ! La puissance du moteur est gérée par une poignée sur l'un des manches. Et si le moteur s'arrête ? Le pilote doit alors laisser tourner le rotor en "roue libre" : il freinera la descente et permettra d'atterrir.
À cause des multiples éléments en rotation et des vibrations créées, des pièces mécaniques doivent être changées régulièrement. Ceci augmente la maintenance d'un hélico, avec des coûts supérieurs à ceux d'un avion.

L'*Osprey V-22* est le premier convertible opérationnel, produit en série. La phase de transition, entre vol vertical et horizontal, entraîne un mode de fonctionnement différent pour les commandes de vol.

Vers le convertible

Pour des raisons techniques, un hélicoptère ne dépasse pas 400 km/h environ.
Du coup, on a inventé le **"convertible"** : deux rotors basculants sont installés aux extrémités de courtes voilures fixes. Ils assurent décollages et atterrissages à la verticale, comme un hélicoptère. Une fois en vol, les rotors basculent vers l'avant pour devenir des motorisations classiques. L'opération inverse est réalisée pour atterrir. On ajoute ainsi les avantages de l'hélicoptère à ceux de l'avion !

L'avion de ligne

Conçus pour le transport de passagers à travers le monde, les avions de ligne se répartissent selon la taille, la distance franchissable et le type de motorisation. Les moyens et long-courriers utilisent des réacteurs. Les court-courriers utilisent la turbine et l'hélice, plus rentables sur faible distance…

AIRBUS A380
LONGUEUR : 72,72 m – **ENVERGURE** : 79,75 m – **HAUTEUR** : 24,10 m – **MASSE À VIDE** : 270 tonnes – **MASSE MAXIMALE** : 560 tonnes – **SIÈGES** : 525 à 853 – **CARBURANT** : 254 tonnes – **CROISIÈRE** : Mach 0.85 (900 km/h) – **PLAFOND** : 13 000 m – **DISTANCE FRANCHISSABLE** : 15 400 km – **CONSOMMATION** : 15 litres/km

Pour avoir une idée de la taille d'un A380, ses ailes débordent sur la largeur d'un terrain de football !

Du métal aux composites
De nos jours, les long-courriers utilisent une même architecture. Le fuselage circulaire est plus ou moins long selon le nombre de sièges. La voilure est en flèche, une forme adaptée aux vitesses proches de 900 km/h en croisière. La motorisation provient de 2 à 4 réacteurs. La construction est principalement métallique, mais les matériaux en "plastique" sont de plus en plus présents. Ainsi, le fuselage du *Boeing 787 Dreamliner* est entièrement en fibres de carbone.

Train solide et volets
Les bagages des passagers et les 38 containers de fret trouvent place dans les soutes, sous la cabine. Pour supporter les masses des appareils (plusieurs centaines de tonnes au décollage), le train d'atterrissage compte de nombreux boggies avec de multiples roues. Pour diminuer les distances d'atterrissage, la voilure dispose d'imposants volets qui augmentent la portance et permettent de réduire la vitesse à l'atterrissage.

Transport de masse ou de luxe ?

En 1969, les prototypes du Boeing 747 et du Concorde ont volé pour la première fois. Ils montrent deux visions différentes de l'avenir du transport aérien. Là où le 747 transporte de 400 à 600 passagers à 900 km/h, le Concorde embarquait 100 passagers à 2 100 km/h. Trop bruyant, trop gourmand en carburant et trop cher à utiliser, le Concorde a rejoint les musées...

Aux extrémités des ailes de l'*A380* se trouvent des "winglets", des surfaces verticales qui diminuent la traînée aérodynamique.

Pour pouvoir se poser sur toutes les pistes utilisées par son concurrent (le *Boeing 747*), l'*A380* a 22 roues pour répartir son poids sur la piste et les taxiways. Pour le train principal, le diamètre des pneus atteint 1,20 m !

Quatre réacteurs, d'une trentaine de tonnes de poussée chacun, propulsent l'*A380*.

Des sièges par rangées

À bord, les sièges sont disposés selon une cabine mono-couloir (un seul couloir central séparant deux rangées de 2 ou 3 sièges) ou bi-couloir (deux couloirs avec une rangée centrale de sièges). Cette dernière solution est retenue pour les gros-porteurs. L'Airbus *A380* va encore plus loin avec deux étages et 850 sièges dans sa version la plus dense !

Le cockpit

Avec la responsabilité de centaines de passagers à bord, l'équipage d'un avion de ligne doit veiller à la sécurité du vol, depuis l'embarquement jusqu'à l'arrivée à destination. Tandis que stewards et hôtesses assurent l'accueil des passagers, le personnel navigant technique (PNT) gère le vol...

Travail en équipage

Dans les années 1950, l'équipage sur les avions de ligne est constitué du commandant de bord (en place gauche), du copilote (en place droite), de l'ingénieur-mécanicien, sans oublier un navigateur et un opérateur radio. L'évolution des technologies a progressivement réduit l'équipage à deux pilotes. Ceux-ci, grâce à l'aide de l'informatique et de l'électronique, assurent toutes les tâches de pilotage, de navigation et de communication. Ils se contrôlent mutuellement pour éviter toute erreur.

Des aides multiples

Les avions de ligne les plus récents utilisent des commandes de vol électriques. Un ordinateur analyse l'action du pilote sur le manche, avant d'envoyer l'ordre aux gouvernes ou aux réacteurs, tout en respectant tous les paramètres à ne pas dépasser. Le logiciel permet de donner des sensations identiques au pilote quel que soit le type d'appareil. Plusieurs calculateurs vérifient les systèmes de l'avion. Ils avertissent l'équipage en cas de panne et proposent les procédures à appliquer

Tous temps

Un avion de ligne doit voler par tous les temps, de jour comme de nuit. Le pilotage se fait aux instruments. Les pilotes bénéficient d'écrans numériques affichant toutes les données nécessaires au vol : paramètres moteur, image

Cockpit de l'*A380*.

radar de la situation météorologique, suivi de la navigation… Le pilotage manuel se fait au manche, voire au mini-manche latéral (comme un joystick). Cependant, le pilote automatique assure une grande partie du vol, y compris l'approche et l'atterrissage dans le brouillard si besoin… Si l'équipage ne "pilote" plus, il "gère" le vol en vérifiant le bon fonctionnement des systèmes et le suivi de la trajectoire.

L'aéroport

Un aéroport est le lieu d'où les avions de ligne décollent et atterrissent. Mais c'est bien plus que cela ! C'est aussi une véritable ville qui accueille les passagers qui partent, arrivent ou transitent. Et une véritable ruche où travaillent, de jour et de nuit, des milliers de personnes tant dans le domaine commercial, que l'activité de piste, la logistique, la sûreté, ou encore l'entretien. Bienvenue à Toulouse-Blagnac !

Le **terminal** ①, ou **aérogare**, est le bâtiment principal où se trouvent les guichets des compagnies aériennes. Les voyageurs y prennent leurs billets et déposent leurs bagages. **Police** et **douanes** sont présentes pour vérifier l'enregistrement des bagages et contrôler les passagers, touristes ou hommes d'affaires. Une fois les démarches effectuées, ils attendent dans une salle d'embarquement. Puis ils rejoignent leur siège dans l'avion grâce à une **passerelle d'embarquement télescopique** ②.

Un aéroport compte souvent deux **pistes** parallèles, en béton ③ : l'une pour décoller et l'autre pour atterrir, par exemple. Elles sont parfois orientées différemment, pour manœuvrer face à des vents de différentes directions.

Les **taxiways** ④ sont les voies de circulation pour le roulage au sol, depuis le terminal jusqu'aux pistes. Des panneaux et des marques au sol indiquent la direction aux pilotes. De nuit, des balises lumineuses et des feux facilitent la circulation.

Les contrôleurs aériens surveillent les avions qui arrivent et partent, au sol et en vol. Du haut de leur **tour de contrôle** ⑤, ils observent le moindre mouvement et communiquent avec les équipages par radio.

Le **radar d'approche** suit et enregistre la trajectoire de tous les avions. Les contrôleurs régulent ainsi la circulation aérienne, en définissant notamment l'ordre d'atterrissage.

L'entretien et la maintenance des avions sont assurés dans d'immenses **hangars**, car il faut régulièrement vérifier le bon fonctionnement des réacteurs, changer les pneus, contrôler les instruments dans le cockpit.

Petits, moyens et grands !

Il existe différents types d'aéroports, régionaux, nationaux ou internationaux. Des avions de petite taille (court-courriers) relient les aéroports régionaux ou nationaux aux plates-formes internationales. Leurs passagers prennent ensuite un avion moyen ou long-courrier pour rejoindre un autre pays.

Un aéroport doit être à proximité d'autoroutes ou de voies de chemin de fer pour limiter la perte de temps lors des transits. Il faut ainsi prévoir des parkings pour garer les voitures. Mais aussi des trains et métros ; une zone industrielle pour les poids lourds et le fret...

De nombreux **véhicules** circulent sur l'aéroport. Des tracteurs repoussent les avions quand ils quittent le terminal. Des camions acheminent les plateaux-repas. Des wagonnets transportent les bagages vers les soutes. Des camions-citernes assurent l'avitaillement en carburant ⑥.

Espace aérien

Quand on regarde le ciel, il semble bien vide. Pourtant des milliers d'avions le sillonnent chaque jour. Pour éviter des collisions en vol, un peu de méthode s'impose ! On a donc mis en place des zones d'espace aérien réservées aux avions, dans lesquelles ils sont suivis et gérés par les contrôleurs au sol.

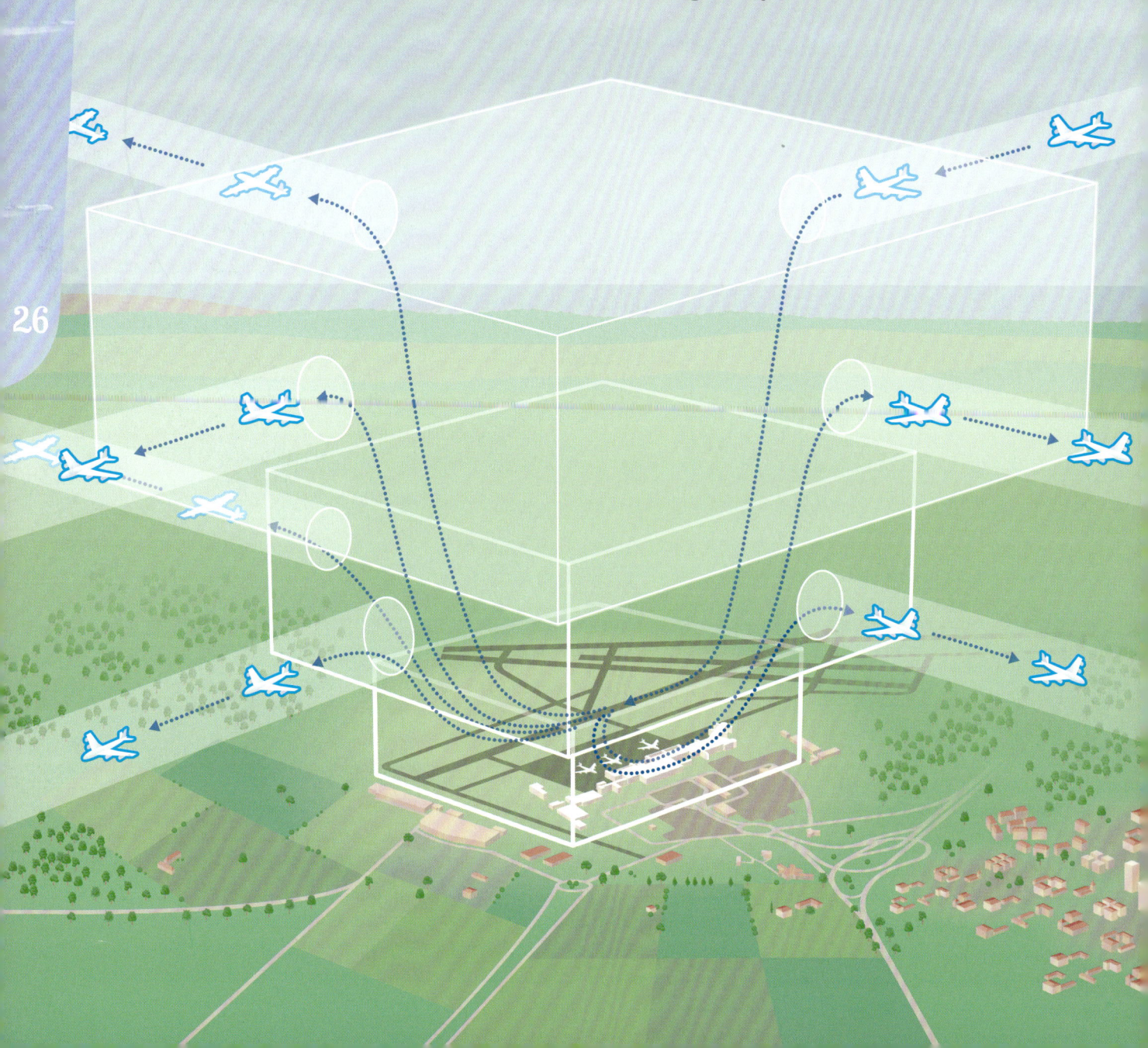

Des cubes et des tuyaux

Pour protéger le trafic autour des aéroports, on a découpé l'espace en "cubes" entassés les uns sur les autres. Les avions décollent ainsi en sécurité, puis grimpent à haute altitude, là où les réacteurs consomment moins. Selon leur destination, telle ou telle route aérienne est empruntée. Il s'agit d'un "tuyau" dans lequel circulent les avions, à distance des précédents et des suivants. Pour éviter les croisements, les avions qui se dirigent vers l'ouest volent à des altitudes en chiffre pair (220 000 pieds par exemple), et ceux qui vont vers l'est à des altitudes "impaires" (230 000 pieds). Ainsi 300 m de hauteur les séparent.

La navigation se fait via des balises au sol, ou des équipements à bord. Les avions sont suivis par les contrôleurs sur leurs "écrans radars" (scopes). Ils sont équipés d'un système anticollision, prévenant l'équipage d'un risque d'accident avec un autre appareil. Pour les avions les plus sophistiqués, l'approche jusqu'à l'atterrissage peut se faire par visibilité et plafond très faibles, en plein brouillard. L'avion suit alors un faisceau électrique qui le mène à la piste, tandis qu'un pilote suit la trajectoire aux instruments et un autre regarde dehors pour confirmer la vue des balises.

? C'est quoi le nœud, le pied et le nautique ?

En aviation, les unités utilisées sont :
- *le nœud (1,852 m à l'heure) pour la vitesse*
100 Kt = 100 nœuds = 185 km/h
- *le pied (0,30 m) pour l'altitude !*
200 000 ft = 200 000 pieds = 6 000 m
- *les distances sont données en **milles nautiques***
1 000 nm = 1 000 nautiques = 1 852 km

Les dangers

Si l'avion de ligne demeure l'un des moyens de transport les plus sûrs au monde, quelques accidents surviennent parfois.
Les causes sont multiples. De violents phénomènes météorologiques (orages, foudre, grêle, turbulences) peuvent endommager l'appareil. Grâce au radar météo, l'équipage doit alors ajuster la trajectoire ①. Le givre peut alourdir l'avion et déformer le profil de sa voilure. Si un risque de fort givrage est prévu, les avions passent se faire "doucher" avant de décoller, avec des produits antigel ②. Des cendres volcaniques, après une gigantesque éruption, constituent un danger pour les réacteurs ③. Les réacteurs n'aiment pas non plus "avaler" des oiseaux. D'où les pétards ou les cris stridents diffusés par haut-parleur pour les faire fuir de l'aéroport ④. Parfois, de nuit ou dans les nuages, les pilotes ne sont pas exactement là où ils pensent être. En région montagneuse, une collision avec le relief est alors possible en approche. Mais désormais, des radars informent l'équipage de la proximité du sol.

Les camions du ciel

Pour transporter de lourdes ou volumineuses charges d'un point à un autre de la Terre, des avions sont transformés en "camions des airs". Ce sont des avions à turbine, bénéficiant d'une large soute et d'une rampe d'accès à l'arrière pour faciliter les opérations de chargement et de déchargement. Ou des avions de ligne, transformés en cargo après avoir retiré les sièges des passagers.

Côté civil...

Chaque jour, des milliers de containers voyagent sur des avions de transport. Surtout quand la rapidité d'intervention est essentielle : transport de denrées périssables, pièces détachées pour une usine, voitures de Formule 1, chevaux de course... Des avions sont même construits spécialement pour recevoir certains objets.

Ainsi, le groupe Airbus a conçu le *Beluga* qui transporte des éléments produits dans plusieurs usines en Europe assemblés ensuite à Toulouse, Hambourg ou Séville. Pour une exposition au Japon, un *Beluga* a même reçu en soute un gigantesque tableau du peintre Eugène Delacroix ! Les Russes disposent du quadriréacteur *Ilyushin Il-76*. Ce géant transporte jusqu'à 50 tonnes dans sa soute : équipements industriels, installations pétrolières...

Le biréacteur *Beluga* a été construit à cinq exemplaires seulement.

Pour transporter les éléments des fusées *Saturn*, construits dans différentes usines des États-Unis, la Nasa a utilisé des *Guppy* et des *Super Guppy*.

La soute arrière peut être ouverte en vol, pour larguer des parachutistes ou des équipements.

Côté militaire...

Les forces armées font appel à des avions identiques, adaptés aux usages militaires. Ils sont conçus spécialement pour le transport de troupes, de tanks ou d'hélicoptères. Ils assurent la logistique lors d'une intervention militaire à longue distance. Ils transportent les soldats, les équipements, la nourriture, les logements, les pièces détachées, les munitions, le carburant... Ils peuvent se poser sur des pistes en terre, improvisées.
Les avions-cargos participent aussi à des missions de guerre, en larguant des parachutistes ou du matériel. Les largages se font à très haute altitude, et aussi au ras du sol. Dans ce cas, l'avion survole la zone prévue et largue des équipements par la soute arrière, à quelques mètres de haut.

Hôpitaux volants...

Qu'ils soient civils ou militaires, les avions-cargos sont très utiles lors d'opérations humanitaires. Après un raz-de-marée, une éruption volcanique ou d'importantes inondations, ils transportent rapidement les équipes médicales et leur matériel, et évacuent les blessés vers des hôpitaux.

29

Les avions-cargos militaires doivent utiliser des pistes "mal préparées" sur des aérodromes improvisés à proximité du front.

L'avion de chasse moderne

L'*Eurofighter* du groupe EADS est l'un des chasseurs de dernière génération, utilisé par plusieurs forces aériennes européennes. Sa voilure, en forme de delta, est adaptée aux grandes vitesses. Pour augmenter sa maniabilité, ses commandes de vol sont électriques. Ainsi, les ordres du pilote sont envoyés par ordinateur aux gouvernes, et non par des commandes rigides. Comme tous les chasseurs modernes, l'*Eurofighter* est multi-rôles : interception, reconnaissance, attaque au sol, brouillage électronique...

Aujourd'hui, un chasseur est de plus en plus cher à concevoir et à produire. C'est pourquoi, il doit être multi-rôles. Selon les charges installées sous les ailes ou dans le ventre de l'appareil, plusieurs missions sont possibles : caméras pour la **reconnaissance** ; capteurs électroniques pour **écouter les radars** adverses ou les brouiller ; bombes pour les **attaques au sol** ; missiles et canons pour le **combat aérien**. Le pilote peut suivre sur son écran-radar plusieurs cibles en même temps, à différentes altitudes, sans les voir visuellement. Une perche de ravitaillement permet de ravitailler en vol auprès d'un avion tanker. Le chasseur augmente ainsi la durée d'une mission. Pour un avion de chasse, il ne s'agit pas de se faire repérer... ou le plus tardivement possible !

① aéro-frein
② siège éjectable
③ perche de ravitaillement
④ plans canard
⑤ bombe guidée par laser
⑥ missile

Il est donc très discret (**furtif**) au niveau de ses signatures radar, sonore et thermique. Des matériaux absorbant les ondes radars laissent croire à l'ennemi qu'il s'agit d'un oiseau ! Son **système d'armes** est sophistiqué, avec des bombes classiques ; des missiles air-air, air-sol ou anti-navire de courte, moyenne ou longue portée, à tête infrarouge (ils détectent la chaleur du réacteur de l'avion ennemi) ou guidés par radar... Comme pour un ordinateur, l'interface homme/machine passe par de nombreux écrans... Dans le cockpit, le pilote, en **combinaison anti-G** – elle aide l'organisme humain à subir les accélérations lors de trajectoires violentes – est assis sur un siège éjectable. Du bout des doigts, sur le manche et les manettes des gaz, il gère toutes les fonctions du système d'armes.

Un dispositif projette les paramètres du vol sur le pare-brise, ce qui lui permet de piloter tout en regardant dehors.

Le *Rafale* de Dassault est l'avion multi-rôles de l'armée de l'Air française, et le chasseur embarqué sur les porte-avions de l'Aéronavale. Sa version biplace est la plus utilisée par l'armée de l'Air car, avec la complexité grandissante des systèmes d'armes, un deuxième membre d'équipage (le navigateur officier système d'armes) est bien utile en mission !

Si le chasseur *F-22 Raptor* de Lockheed Martin est en opération au sein de l'US Air Force, son successeur le *F-35* est déjà en vol. Le développement d'un nouveau chasseur nécessite plusieurs années. Si le prototype du *F-22* a volé en septembre 1997, il n'est entré en service que fin 2005.

EUROFIGHTER
LONGUEUR : 15,96 m – **ENVERGURE :** 10,95 m – **HAUTEUR :** 5,28 m – **MASSE À VIDE :** 11 tonnes – **MASSE MAXIMALE :** 23,5 tonnes – **PROPULSION :** 2 réacteurs – **VITESSE MAXIMALE :** Mach 2 (2 200 km/h) – **PLAFOND :** 17 000 m

Au combat...

Des premières utilisations militaires en 1914 jusqu'à nos jours, les techniques ont bien évolué. Voici, en quatre périodes, les principes utilisés en combat aérien.

Guynemer sur son Bébé Nieuport, 1915

As de l'aviation

Pour devenir un as, il faut remporter 5 victoires. Avant de disparaître en combat aérien, Georges Guynemer avait enregistré 53 victoires. L'Allemand Manfred von Richthofen est crédité de 80 victoires !

Escadron de Spitfire, 1942

1914-1918 - Première Guerre mondiale

Les premières missions sont des vols de reconnaissance. En cas de rencontre avec l'ennemi, le pilote emporte un pistolet pour se défendre. Puis des mitrailleuses sont montées sur les avions et des escadrilles de chasse sont créées. Biplans à cockpit ouvert, volant de 150 à 200 km/h, les chasseurs sont monoplaces ou biplaces, avec un mitrailleur. Avant 1915, pour tirer à travers le disque de l'hélice, une tôle métallique posée sur les pales en bois détourne les balles. Puis Français et Allemands inventent la synchronisation du tir. Les combats aériens sont rapprochés. Les bombardements se font à la main, puis par largage des bombes, placées en soute ou sous les ailes.

1939-1945 - Seconde Guerre mondiale

Les chasseurs sont des monoplans à train rentrant et cockpit fermé, dépassant les 600 km/h. Le parachute fait son apparition. En 1940, la Grande-Bretagne dispose des premiers radars au sol, prévenant de l'arrivée de l'ennemi. Les chasseurs volent maintenant en patrouille. Les bombardiers sont bimoteurs, puis quadrimoteurs pour augmenter le nombre de bombes. De jour comme de nuit, des missions vers l'Allemagne voient plus d'un millier d'avions en vol. Les bombardements, imprécis, se font en "tapis de bombes", avec largage depuis plusieurs bombardiers en formation serrée.

? Chasseur ou bombardier ?

Un **chasseur** doit empêcher les avions ennemis d'atteindre leurs cibles. Les **bombardiers** ont pour rôle de bombarder le territoire ennemi (usines, bases, etc.). Pour les protéger, ils sont accompagnés de chasseurs d'escorte. Des **chasseurs-bombardiers** remplissent les deux rôles : après largage des bombes, ils deviennent chasseurs…

F-22 Raptor, 2005

Années 1950-1970 - La Guerre froide

Lors des guerres de Corée (1950-1953), puis du Viêtnam (1964-1975), arrivent les jets. Ils décollent de bases terrestres ou de porte-avions. Pour augmenter la durée des missions, ils font le plein en vol grâce à des ravitailleurs. Les pilotes ont un siège éjectable. Les missiles font leur apparition. Certains sont à tête chercheuse : ils détectent la chaleur du réacteur de l'avion ennemi. Des avions sont équipés pour brouiller les radars. Les bombardiers volent à très haute altitude. La précision des bombardements n'est toujours pas parfaite… L'hélicoptère permet de déplacer des troupes ou de récupérer des pilotes abattus.

F-4E Phantom, 1960

Des années 1980 à nos jours

Aujourd'hui, un chasseur n'est pas plus rapide qu'avant. Voler à vitesse supersonique consomme beaucoup et limite la durée du vol. Comme le bruit trahit sa présence, un chasseur doit être silencieux, en brouillant les radars pour avoir un effet de surprise. Il peut suivre plusieurs cibles à différentes altitudes. et, avant même de voir l'adversaire, tirer des missiles. Des bombes guidées par GPS ou rayon laser améliorent la précision des tirs. Le canon est encore utilisé pour attaquer des objectifs au sol. Des avions radars aident les chasseurs : ils surveillent l'espace aérien et préviennent les pilotes en cas de menaces. C'est le rôle des Awacs, des postes de commandement aéroporté.

Fokker D7, 1918

Spad XIII, 1918

Messerschmitt 109, 1940

Mustang, 1941

MiG-21, 1960

Northrop B-2 Spirit, 1997

Un aérodrome flottant

Un porte-avions est une base militaire à lui tout seul ! Il embarque avions, personnel, matériel... Des milliers de marins travaillent à bord ; selon leur fonction, ils portent des maillots de couleurs différentes. Cette base militaire mobile permet à un pays d'intervenir dans le monde entier...

De nombreux ponts
Le pont supérieur constitue la piste d'envol. Sur la droite du navire se trouve la tour de contrôle, l'îlot. Des ascenseurs amènent les aéronefs des hangars au pont d'envol. Chasseurs, hélicoptères et avions de surveillance contrôlent l'espace autour du porte-avions et des croiseurs, ravitailleurs et sous-marins qui l'accompagnent. Les nombreux ponts inférieurs sont utilisés pour la propulsion du navire, les pièces détachées, les cuisines, les cabines du personnel, les ateliers de maintenance, l'armement, les réserves de carburant...

Un "chien jaune" donne l'ordre de catapulter un *Rafale Marine*... Un hélicoptère en vol (nommé Pédro !) se tient prêt à larguer un plongeur en cas d'accident.

Catapulte au décollage...
Le pont d'envol d'un porte-avions possède deux pistes. Celle dans l'axe du bateau sert au catapultage. La piste latérale sert surtout à l'atterrissage – on dit "apponter". La longueur du bateau étant bien plus petite qu'une piste terrestre (260 m pour le Charles-de-Gaulle contre 2 500 m en moyenne), il faut accélérer l'avion pour qu'il puisse décoller sur une si faible distance. Une catapulte, sous le pont d'envol, donne ainsi en quelques secondes une grande vitesse aux avions, tirés par un câble.

... et brins d'arrêt à l'appontage
Pour apponter, la piste est à nouveau trop courte. Pour freiner les appareils une crosse à l'arrière des avions, accroche des câbles d'acier (appelés brins !) tendus au ras du pont. Ce n'est pas simple, surtout de nuit et par mauvais temps ! Les appontages se font sur la piste latérale, désaxée par rapport au pont, car un pilote doit parfois s'y reprendre à deux fois pour "accrocher" les brins...

Chaque appontage est suivi par un officier d'appontage (OA), qui commente en direct la trajectoire pour aider le pilote en approche.

LE CHARLES-DE-GAULLE

LONGUEUR : 261,50 m – **LARGEUR** : 64,50 m – **HAUTEUR** : 75 m – **PROPULSION** : deux réacteurs nucléaires – **VITESSE MAXIMALE** : 27 nœuds (50 km/h) – **PERSONNEL** : 2 000 personnes dont 700 affectées au groupe aérien – **AÉRONEFS** : 40 maximum (*Rafale Marine*, *Super Etendard*, avions-radar et hélicoptères) – **VIVRES À BORD** : 120 tonnes – **CARBURANT** : 3 400 tonnes – **AUTONOMIE** : 45 jours

Super pilote !

Lors du catapultage, le pilote subit une forte accélération qui équivaut à quatre fois son poids (4 G). À l'appontage, c'est l'inverse, avec une forte décélération. Ainsi, un Rafale Marine passe de 220 km/h à l'arrêt total en 90 m seulement. Heureusement, le pilote est solidement tenu sur son siège par des harnais ! Certains pilotes sont qualifiés pour voler de nuit. Ces pilotes, appelés "hiboux", ne sont pas nombreux. « Ce n'est pas un sport de masse », disent-ils !

Formation du pilote

Pour faire une carrière de pilote, l'idéal est de suivre une formation scientifique (mathématiques et physique), car ces matières sont utilisées pour la sélection. D'excellentes conditions physiques sont indispensables, ainsi qu'une bonne pratique de l'anglais, la langue aéronautique internationale.

Pilote de ligne

- La formation théorique comprend de nombreux examens : aérodynamique, météorologie, réglementation au droit aérien, navigation aux instruments de bord...
- Côté pratique, on apprend les bases du pilotage sur un monomoteur à hélice, avant de passer sur bimoteur pour l'apprentissage des avions multimoteurs. La qualification du "vol aux instruments" permet de voler par tous les temps.
- 400 à 500 heures dans son carnet de vol sont nécessaires pour intéresser une compagnie aérienne. Pour être sélectionné, le candidat passe de nombreux tests techniques et psychologiques. On vérifie comment il se comporte dans différentes situations et s'il peut travailler en équipage. Il doit être jugé apte après une visite médicale très poussée...laquelle aura lieu tous les ans !
- Une fois engagé par une compagnie, le pilote est contrôlé trois ou quatre fois par an, notamment en simulateur avec les procédures d'urgence. Il lui faut au moins deux ans pour atteindre le siège de droite dans le cockpit, celui du copilote. Pendant plusieurs années, sous la supervision du commandant de bord, il acquiert de l'expérience sur court ou long-courrier. Après une qualification sur un avion donné, il devient commandant de bord sur un court-courrier. Au fil du temps, il change d'avion pour finir commandant de bord sur gros-porteur, voire instructeur ou chef de secteur.
- Un pilote de ligne prend sa retraite à 65 ans.

① galons
② casquette
③ pilot-case
(documentation de vol)

Chaque compagnie dispose d'un uniforme particulier pour ses équipages. Le nombre de galons permet de distinguer le commandant de bord (4 galons) du copilote (3).

Pilote de chasse

- La filière militaire est différente, même si la formation théorique reste semblable à celle du pilote de ligne. La sélection d'un pilote de chasse repose sur une excellente condition physique. Tout au long de sa carrière, il lui faudra faire du sport, travailler les abdominaux et les cervicales pour "encaisser" les accélérations en combat aérien.

- Côté pratique, la formation débute sur avions à hélice, puis à réacteur. Elle dure environ deux ans où il apprend aussi le vol en patrouille, la voltige, la navigation à basse hauteur.

- Une fois breveté, le pilote de chasse rejoint une unité pour devenir "pilote opérationnel". Il vole alors en compagnie de pilotes expérimentés et apprend l'usage des différents armements selon sa spécialisation (supériorité aérienne, attaque au sol, reconnaissance). Des campagnes de tir et la qualification de ravitaillement en vol complètent sa formation.

- Durant toute sa carrière, un pilote de chasse doit suivre l'évolution des équipements et de l'armement. Au départ, il sera simple ailier : il accompagne un leader en mission. Puis il acquiert la qualification de chef de patrouille. Les plus expérimentés dirigent un dispositif de plusieurs avions, en contact avec les contrôleurs au sol ou dans un avion radar.

- Un pilote de chasse prend sa retraite vers 35 ans. Il peut poursuivre sa carrière au sein de l'état-major de l'armée de l'Air, ou quitter l'armée, pour une nouvelle carrière dans le civil, aéronautique ou non.

La tenue d'un pilote de chasse comporte différents équipements en cas d'évacuation en territoire ennemi (boussole, argent, cartes, radio...).

① casque avec visière anti-reflet
② mae-west (gilet de sauvetage)
③ combinaison anti-G
④ check-list

L'aviation du futur

Un peu plus d'un siècle après son invention, l'aviation a connu des progrès fulgurants, passant des "cages à poules" des pionniers aux avions d'aujourd'hui. Tandis que des milliers d'avions de ligne parcourent chaque jour le monde avec des passagers voyageant dans le confort, les avions de chasse dépassent deux fois la vitesse du son. L'amélioration des performances est désormais difficile et coûteuse. À quoi ressemblera l'avion de demain ? Quels projets figurent dans les cartons des bureaux d'études…

Dans le domaine civil…

Avec le réchauffement climatique et la disparition annoncée du pétrole pas cher, l'avenir du transport aérien demeure incertain. Malgré cela, les constructeurs travaillent sur les avions du futur. Ceux-ci devront être moins bruyants, plus légers et consommer moins de carburant. Ce dernier sera peut-être synthétique. Et le retour à des avions un peu moins rapides, propulsés par hélices reste possible…

Si un successeur au *Concorde* ou un "avion spatial" restent utopique en ce début du 21e siècle, Boeing et Airbus imaginent différents concepts d'avions de ligne à réaction. De nouvelles architectures sont évaluées en soufflerie, sur les écrans d'ordinateurs, ou sous la forme de maquettes volantes, de l'aile volante à la voilure de très grande dimension…

Énergie solaire...

Les deux Solar Impulse resteront uniques. Ces quadrimoteurs de recherche permettent de voler aux énergies renouvelables. Le premier prototype a déjà réalisé un vol de plus de 24 h grâce à ses cellules solaires qui alimentent les moteurs électriques. Avec une envergure équivalente à celle d'un avion de ligne, c'est un monoplace. Sa vitesse ne dépasse pas les 100 km/h.

Le *F-35* américain, qui décolle et atterrit verticalement, sera peut être le dernier chasseur piloté. Il combine toutes les technologies disponibles aujourd'hui.

... et chez les militaires

Avec les coûts de plus en plus élevés pour concevoir de nouveaux chasseurs, les armées les plus modernes connaissent des difficultés financières... Leur souhait de limiter le nombre de morts lors d'un conflit les oriente peu à peu vers les aéronefs pilotés... à distance ! D'où le fort développement des drones. Ces engins peuvent en effet assurer, durant de nombreuses heures, des missions de reconnaissance ou des missions armées. Au sol, à des milliers de kilomètres, plusieurs pilotes se relaient alors pour réaliser l'opération. Les drones peuvent effectuer des évolutions très violentes qu'un organisme humain ne supporterait pas, pour échapper à un missile par exemple. Le nombre de pilotes de chasse diminuera donc à l'avenir. Mais cela prendra des années, et des avions pilotés par des hommes resteront d'actualité pour certaines missions.

Les drones existent en toutes tailles, du modèle réduit à l'appareil aussi volumineux qu'un jet d'affaires...

Avions et hélicoptères au travail

À côté du transport aérien et de l'aviation militaire se trouve le monde de "l'aviation générale". Cette expression regroupe une grande variété d'autres utilisations. Ce sont notamment des activités de travail aérien. La liste des opérations menées par des avions et hélicoptères est fort longue. En voici quelques-unes...

Sauver les personnes...

Pour déplacer rapidement une victime du lieu d'un accident vers un hôpital, l'hélicoptère est le moyen idéal sur courte distance. L'avion est plutôt utilisé pour rapatrier un malade d'un autre pays. Des organes humains, attendus pour une opération chirurgicale, voyagent parfois par les airs pour gagner du temps...

... et les biens

Des vies humaines et des biens sont également sauvés chaque été par les Canadair. Leurs équipages éteignent des incendies inaccessibles par la route grâce à l'eau écopée par ces hydravions.

Relier les hommes entre eux

Certaines liaisons entre des villes ne sont pas assurées par des compagnies aériennes. L'aviation d'affaires répond donc à cette demande, en France ou à l'étranger. Une équipe technique peut ainsi visiter plusieurs usines en une journée ; un patron signer des contrats en maîtrisant son emploi du temps. Un avion volant à haute altitude peut aussi relier les hommes en se transformant en relais aéroporté. C'est le cas notamment pour les retransmissions télévisées du Tour de France cycliste, lorsque le peloton se trouve au fond d'une vallée encaissée.

Surveiller d'en haut

La photographie aérienne, prise d'avion ou d'hélicoptère, connaît de nombreuses utilisations. Des photos de chantiers (tracés d'autoroutes, voies ferrées) facilitent la préparation et le suivi des travaux. Les médias utilisent souvent une plate-forme aérienne pour suivre et commenter des manifestations sportives : épreuves cyclistes, course transatlantique de voiliers, compétitions de ski...

Chaque année, lors du Tour de France cycliste, des hélicoptères servent de plate-forme de prise de vue.

Les cartes routières sont aussi réalisées à partir de photos verticales. Pour contrôler le bon état de lignes électriques, traversant forêts et montagnes, l'hélicoptère est le moyen le plus efficace et le plus économique. Les Douanes françaises utilisent des avions pour relever le dégazage en mer de certains pétroliers.

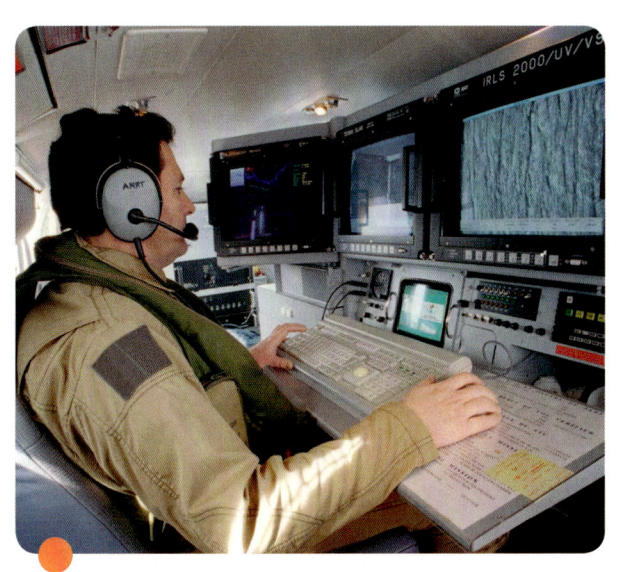

Dans la cabine d'un biturbopropulseur, cet officier des Douanes françaises analyse le sillage des pétroliers pour vérifier qu'ils ne dégazent pas en mer... Une activité parmi d'autres de surveillance assurée par un aéronef.

Assister la recherche

Des moyens aériens servent à analyser l'air à toutes les altitudes. Un suivi de la pollution est ainsi assuré. D'autres études sont menées : détermination des particules de cendre après une éruption volcanique, localisation d'une pollution en mer, recherche de sites archéologiques, évaluation des dommages après une inondation, suivi des cultures...

Voler pour le plaisir...

Pas besoin de devenir pilote professionnel, ingénieur aéronautique ou contrôleur aérien pour entrer dans le monde de l'aviation ! Tu peux voler lors de tes loisirs, en passant un brevet dès 12 ans pour le parapente, ou 14 ans pour le planeur... donc bien avant le permis de conduire ! Près de 100 000 Français pratiquent ainsi un "sport de l'air". De nombreuses activités sont possibles en fonction de l'âge, du coût et des goûts. À toi de choisir...

❶ Aéromodélisme

Planeurs lancés à la main, modèles à moteur caoutchouc, avions et hélicoptères radiocommandés... autant de disciplines possibles à tous les âges ! L'aéromodélisme est un excellent tremplin vers le pilotage "grandeur nature" en découvrant les techniques de construction et les réglages d'un vol parfait.

❷ Parachutisme

Finie la simple descente sous voile après ouverture automatique du parachute... Désormais, l'activité offre de multiples disciplines : chute libre à plus de 200 km/h, skysurf (photo), freestyle, voltige, atterrissage de précision... C'est la seule discipline où les pratiquants comptent plus de décollages que d'atterrissages en avion ! Sensations garanties !

❸ Aérostation

Les ballons sont gonflés au gaz, mais plus souvent à l'air chauffé par des brûleurs (montgolfière). Ces "plus légers que l'air" volent au grès du vent et permettent de découvrir des paysages à faible hauteur. Les aéronautes observent ainsi la planète comme personne ! Le pilote doit analyser le vent (force et direction) en fonction de l'altitude. En anticipant, il est possible d'orienter la trajectoire du ballon.

❹ Vol à voile

La forme d'un planeur est très étudiée. Logique : sans moteur, il doit être fin pour ne pas traîner. Une fois largué par un avion ou un treuil, le pilote (ou vélivole) exploite l'énergie solaire. Il utilise les colonnes d'air ascendant, réchauffé par le soleil. En cas de vent, il peut pratiquer le vol de pente : il vole le long des montagnes pour bénéficier de l'effet ascendant du vent sur le relief. Le vol à voile est la meilleure école de pilotage !

❺ Vol moteur

C'est le domaine des avions de tourisme, activité pratiquée en aéro-club. Ces monomoteurs permettent de voyager. Mais d'autres disciplines t'attendent : atterrir sur neige avec des skis, amerrir sur des rivières ou des lacs en hydravion, voler la tête en bas en voltige...

❻ Ultra-léger motorisé

Dès 15 ans, cette discipline offre une grande variété d'appareils ultra-légers : paramoteur, ULM pendulaire (on pilote en déplaçant son corps), ULM multi-axes (pilotage par gouvernes, comme sur un avion), dirigeable, autogire et hélicoptère léger...

Construire son appareil !

Plus de 1 200 aéronefs volent en France après avoir été construits par leur... pilote ! Muni d'une liasse de plans ou d'un kit à assembler, tu construis dans ton garage un avion, un ULM ou un hélicoptère. C'est à la portée d'un bon bricoleur... après plusieurs centaines ou milliers d'heures passées à l'atelier.

Quiz

À toi de trouver les bonnes réponses à ces questions.
Un indice : elles sont toutes dans le livre !

1. Pour construire son *Éole*, de quel animal s'est inspiré Clément Ader ?
- **A.** une chauve-souris
- **B.** un dragon volant
- **C.** un aigle

2. Comment s'appelle la combinaison du pilote d'un avion de chasse ?
- **A.** La combinaison Z-1
- **B.** La combinaison isothermique
- **C.** La combinaison anti-G

7. Comment appelle-t-on un avion qui peut décoller et atterrir sur l'eau ?
- **A.** un bavion
- **B.** un océavion
- **C.** un hydravion

8. Que veulent dire les initiales ULM ?
- **A.** Ultra Looping Mouvement
- **B.** Ultra Léger Motorisé
- **C.** Universel Latéral Moteur

9. Un hélicoptère ne peut pas faire du sur place dans le ciel ?
- **A.** vrai
- **B.** faux

10. Qui était Roland Garros ?
- **A.** un aviateur célèbre
- **B.** un joueur de tennis
- **C.** un constructeur d'hélicoptère

15. Qu'a-t-on utilisé pour la première fois en 1949 ?
- **A.** le parachute
- **B.** le masque à oxygène
- **C.** le siège éjectable

16. Le *X-15* a déjà volé à :
- **A.** 2 000 km/h
- **B.** 5 200 km/h
- **C.** 6 500 km/h

17. Pourquoi a été construit le *Super Guppy* ?
- **A.** pour aller dans l'espace
- **B.** pour transporter les éléments des fusées *Saturn*
- **C.** pour éteindre les incendies

18. Un avion évolue dans le ciel autour de trois axes, lesquels ?
- **A.** axe de tangage, axe de roulis et axe de lacet
- **B.** axe de profondeur, axe vertical et axe de roulis
- **C.** axe du haut, axe du milieu et axe du bas

3. Quelle est la particularité commune à tous les drones ?
- **A.** ils ne font que quelques centimètres
- **B.** ils font beaucoup de bruit
- **C.** ils sont pilotés à distance

4. Comment les frères de Montgolfier font-ils s'élever leur montgolfière ?
- **A.** grâce à un système à pédales
- **B.** en envoyant de l'air chaud sous la nacelle
- **C.** avec un moteur à vapeur

5. Comment s'appelle la force qui soulève l'avion ?
- **A.** la portance
- **B.** la poussée
- **C.** le poids

6. À partir de quel âge peut-on piloter seul son planeur ?
- **A.** il n'y a pas d'âge minimum
- **B.** 14 ans
- **C.** 18 ans

11. Quand un avion va plus vite que le son, que se passe-t-il ?
- **A.** avec la vitesse, il s'enflamme
- **B.** il crée une onde sonore, un énorme bang !
- **C.** il disparaît des radars

12. Combien de passagers l'*A380* peut-il transporter ?
- **A.** une trentaine maximum
- **B.** 450 adultes et 105 enfants
- **C.** 850 passagers

13. Quel mot utilise-t-on sur un porte-avions pour dire « atterrir » ?
- **A.** apponter
- **B.** prendre pied
- **C.** aborder

14. Dans un aéroport, d'où surveille-t-on les avions qui partent et qui arrivent ?
- **A.** du poste de commandement
- **B.** de la tour de contrôle
- **C.** du terminal

45

19. Le bombardier *Northrop B2 Spirit* coûte aussi cher que son poids en or.
- **A.** vrai
- **B.** faux

20. Dans l'aviation, qu'appelle-t-on un « hibou » ?
- **A.** un technicien qui fait fuir les oiseaux sur les pistes d'aéroport
- **B.** un pilote de l'Aéronavale qualifié pour apponter de nuit
- **C.** les feux de navigation d'un avion

Solutions

1. A – 2. C – 3. C – 4. B – 5. A – 6. B – 7. C – 8. B – 9. B – 10. A – 11. B – 12. C – 13. A – 14. B – 15. C – 16. C – 17. B – 18. A – 19. A – 20. B

Lexique

Aérodynamique
Science qui analyse les effets du vent sur des objets en mouvement. Les études peuvent être menées dans des souffleries. L'adjectif aérodynamique qualifie un objet qui a une forme adaptée pour mieux "fendre l'air".

Altitude
Distance de l'avion par rapport au niveau de la mer. À ne pas confondre avec "hauteur", qui correspond à la distance de l'avion par rapport au sol.

Canard (ou formule canard)
Appareils dont les empennages ne sont pas classiquement à l'arrière, mais placés à l'avant. Comme ils ressemblent à des canards avec leur long cou en avant, les pionniers ont baptisé ces avions des "canards" !

Gouvernes
Surfaces aérodynamiques permettant d'orienter un avion autour d'un axe de rotation (voir p. 16). Il s'agit de la profondeur pour le tangage, de la direction pour le lacet, et des ailerons pour le roulis.

Plafond
Altitude maximale que peut atteindre un aéronef. La puissance ne permet pas d'aller plus haut…

Portance
Réaction, dirigée vers le haut, du passage d'un aéronef dans une masse d'air. La portance équilibre le poids et permet à l'appareil de "tenir en l'air".

Signature
"Empreinte" laissée par un aéronef. Elle prend plusieurs formes : thermique avec le dégagement de chaleur (réacteurs), sonore avec le bruit, électromagnétique pour les ondes radar.

Index

Ader, Clément — 6, 7
aéromodélisme — 42
aéroport — 24-25, 27
aérostation — 43
Air France — 10
Airbus A300 — 12
Airbus A380 — 20-21, 22-23
Alcock, John — 9
Allen, Bryan — 13
appontage — 34, 35
armée de l'Air — 10
As — 32
aviation générale — 40, 41
avion de chasse — 30-31, 32, 33
avion de ligne — 20, 21, 22
avion de tourisme — 43
avion-cargo — 28-29
avion-fusée — 12
avion-tanker — 30
Awacs — 33
Bell X-1 — 11
Beluga — 28
bimoteur trimaran — 13
Blériot, Louis — 8
Boeing 707 — 11
Boeing 747 Jumbo Jet — 12, 21

Boeing 787 Dreamliner 20
Boeing B-29 11
bombardier 32, 33
Brown, Arthur 9
Canadair 40
catapultage 34
Charles-de-Gaulle 34-35
chasseur *voir avion de chasse*
cockpit 22-23, 31, 32, 33
Coli, François 9
combinaison anti-G 31, 37
Concorde 12, 21
convertible 19
DC-3 10
De Havilland Comet 11
décrochage 15
drone 39
Éole 6
Eurofighter 30
F-117 Nighthawk 13
F-16 13
F-22 Raptor 31, 33
F-35 31, 39
F-4E Phantom 33
Fabre, Henri 9
Flyer I 7

Fokker D7 33
Frantz, Joseph 9
Garros, Roland 9
gouvernes 17, 30
Guerre de Corée 33
Guerre du Viêtnam 33
Guynemer, Georges 32
He-178 10
hélicoptère 18-19, 40, 41
Hurricane 10
hydravion 9, 42
Hyushin Il-76 28
lacet (axe de) 16, 17
Lilienthal, Otto 5
Lindbergh, Charles 9
manche 16, 22
Messerschmitt 109 33
Messerschmitt 262 11
MiG-21 33
mille nautique 27
missile 33
mitrailleur 32, 33
Montgolfier, Joseph et Etienne de 4
Mouillard, Louis 5
mur du son 11
Mustang 33
nœud 27

Northrop B2 Spirit 13, 33
Nungesser, Charles 9
Osprey V-22 19
parachutisme 42
pied 27
pilote 31, 32, 33, 35, 36-37
piste 24
planeur 7, 42
poids 15
Port-Aviation 8
portance 15, 18, 20
porte-avions 34-35
Première Guerre mondiale 32
Quenault, Louis 9
radar d'approche 24
Rafale 31, 34, 35
réacteur 21, 27
rotor 18, 19
roulis (axe de) 16, 17
Royal Air Force 10
Seconde Guerre mondiale 32
siège éjectable 11
Solar Impulse 39
Spad XIII 33
Spitfire 10, 32

Super Guppy 28
système d'armes 31
tain d'atterrissage 20
tangage (axe de) 16, 17
taxiways 24
terminal 24
tour de contrôle 24
traction 15
traînée 15
transport aérien 11, 20
Tupolev 144 12
ULM 43
Vickers Vimy 9
vol à voile 43
Voyager 13
Wright, Wilbur et Orville 7
Yeager, Charles 11

Crédits iconographiques

1re de couverture : Airbus SAS / Sébastien Ognier ; incruste : US Air Force – **4e de couverture** : Marine Nationale / Daniel Ferellec – **page de titre** : NASA – **p. 4** : Photo Researchers / Getty Images – **p. 4-5** : Otto Lilienthal Museum – **p. 6** : Private Collection / Archives Charmet / The Bridgeman Art Library – **p. 7** : NASA – **p. 8-9**, photos 1, 2, 3, 4 : musée de l'Air et de l'Espace, Le Bourget ; photo 5 : Universal Images Group / Getty Images ; photo 6 : musée de l'Air et de l'Espace, Le Bourget ; photo 7 : Ewing Galloway / Alamy / Photo12 – **p. 10-11**, photo 1 : Collection musée Air France ; photo 2 : collection musée de l'Air et de l'Espace, Le Bourget / United Airlines ; photos 3, 4 : Hulton Archive / Getty Images ; photo 5 : Collection musée de l'Air et de l'Espace, Le Bourget / DR ; photo 6 : NASA ; photos 7, 8 : Hulton Archive / Getty Images ; encadré : Ensign John Gay / US Navy – **p. 12-13**, photo 1 : US Air Force ; photo 2 : Keystone France / Gamma Rapho ; photo 3 : Bloomberg / Getty Images ; photo 4 : US Air Force ; photo 5 : Dryden Flight Research Center / NASA ; photo 6 : AP images / Sipa Press ; photo 7 : US Air Force / Staff Sgt. Aaron D. Allmon – **p. 14-15**, dessins : Laurent Audouin – **p. 16-17**, dessins : Laurent Audouin – **p. 18** : Eurocopter – **p. 19**, haut : US Navy / 3rd Class Ryan J. Mayes ; bas : US Air Force / Airman Julianne Showalter ; dessins : Laurent Audouin – **p. 20-21**, dessins : Laurent Stefano – **p. 21**, haut : François Besse ; milieu : Airbus SAS / Hervé Goussé ; bas : Airbus SAS / Hervé Goussé – **p. 22-23** : Airbus SAS / Hervé Goussé – **p. 24-25**, photos : Philippe Garcia / Aéroport Toulouse-Blagnac ; photo 5 : Frédérique Mélous – **p. 26-27**, dessin : Laurent Stefano – p. 27, photo 1 : François Besse ; photo 2 : Jean-Pierre Rey / Gamma Rapho ; photo 3 : Getty Images ; photo 4 : Fairfax Media / Getty Images – **p. 28** : Alain Félix / Hoa-Qui / Gamma Rapho ; milieu : NASA – **p. 29**, haut : Airbus SAS / Pascal Pigeyre ; bas : Airbus SAS / Sylvain Ramadier – **p. 30-31**, dessin : Laurent Stefano – **p. 31**, haut : François Besse ; bas : US Air Force – **p. 32**, haut : Getty Images ; bas : Royal Air Force Museum / Getty Images – **p. 33**, haut : US Air Force / Staff Sgt. M. B. Keller ; bas : U.S. Air Force / Staff Sgt. D. Nolan ; vignettes 1, 2, 3, 4 : François Besse ; vignette 5 : US Air Force ; vignette 6 : US Air Force / Staff Sgt. Bennie J. Davis – **p. 34-35** : Marine Nationale / MP Maupile – **p. 34** : Marine Nationale / MT Quarante – **p. 35** : Marine Nationale / Daniel Ferellec – **p. 36** : Thinkstock – **p. 37** : Ian Jones / Gamma rapho – **p. 38**, haut : NASA / The Boeing Company ; milieu : NASA / Lockheed Martin Corporation ; bas : Airbus SAS, 2011 – **p. 39**, haut : Lockheed Martin Corporation ; bas : US Air Force / Master Sgt. Scott T. Sturkol ; milieu gauche : US Air Force / Lt Col Leslie Pratt ; milieu droit : US Air Force / Staff Sgt. James L. Harper Jr. – **p. 40** : Bob Edme / AP Images / Sipa Press – **p. 41**, milieu : Raphael Gaillarde / Gamma Rapho ; bas : Czerwinski / AP Images / Sipa Press – **p. 42-43**, photo 1 : Xavier Rossi / Gamma Rapho ; photo 2 : Pool Brokken / Rossy / Gamma Rapho ; photo 3 : Pool Demanche / Marchi / Gamma Rapho ; photo 4 : Popular Science / Getty Images ; photo 5 : Raymond Boyd / Michael Ochs Archives / Getty Images ; photo 6 : Pool Hulin / Saussier / Gamma Rapho

Dans la même collection

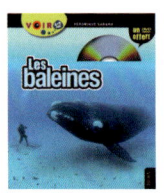